Impressum
Verlag: BABADADA GmbH, Nedderfeld 112 , 22529 Hamburg
Geschäftsführer / Verlagsleitung: Harald Hof
Druck: Books on Demand GmbH, In de Tarpen 42, 22848 Norderstedt

Imprint
Publisher: BABADADA GmbH, Nedderfeld 112 , 22529 Hamburg, Germany
Managing Director / Publishing direction: Harald Hof
Print: Books on Demand GmbH, In de Tarpen 42, 22848 Norderstedt, Germany

școală
skole

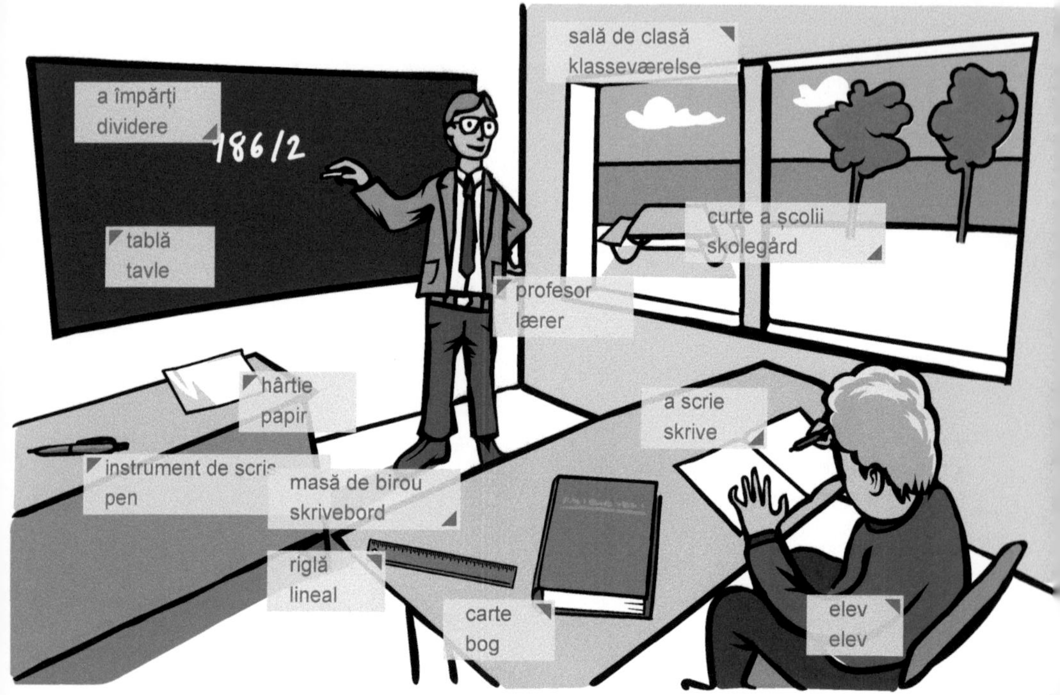

salǎ de clasǎ
klasseværelse
a împărți
dividere
186/2
tablǎ
tavle
curte a școlii
skolegård
profesor
lærer
hârtie
papir
a scrie
skrive
instrument de scris
pen
masǎ de birou
skrivebord
riglǎ
lineal
carte
bog
elev
elev

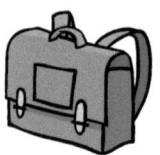

ghiozdan

skoletaske

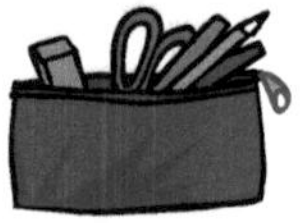

penar

penalhus

creion

blyant

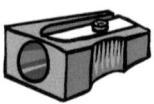

ascuțitoare

blyantspidser

radierǎ

viskelæder

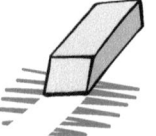

bloc de desen

tegneblok

desen
tegning

pensulă
pensel

cutie de acuarele
æske med vandfarver

foarfece
saks

lipici
lim

caiet de exerciții
opgavehefte

temă
lektie

12

număr
tal

2+2

a aduna
addere

5-2

a scădea
subtrahere

2×2

a multiplica
multiplicere

a calcula
regne

A

literă
bogstav

ABCDEFG HIJKLMN OPQRSTU VWXYZ

alfabet
alfabet

cuvânt
ord

text
tekst

a citi
læse

cretă
kridt

oră
time

catalog
klasseprotokol

examen
eksamen

certificat
karakterbog

uniformă școlară
skoleuniform

educație
uddannelse

enciclopedie
leksikon

universitate
universitet

microscop
mikroskop

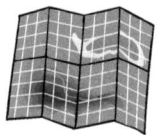

hartă
kort

coș de gunoi
papirkurv

călătorie
rejse

hotel
hotel
Grand
hostel
herberg
ROOMS
casă de schimb valutar
vekselkontor
EXCHANGE
valiză
kuffert
autovehicul
bil

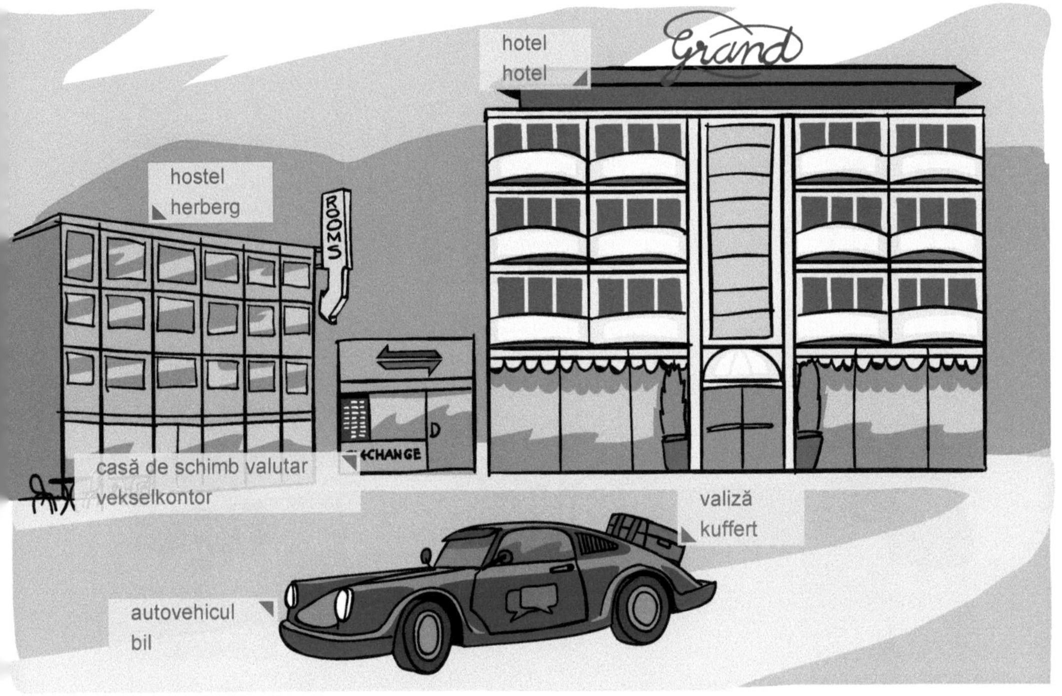

limbă
sprog

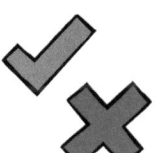

da/nu
ja / nej

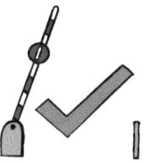

okay
okay

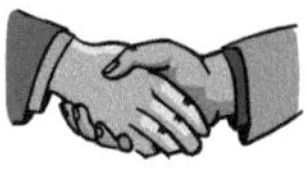

Bună!
hej

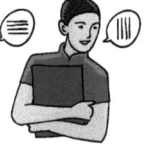

interpret
oversætter

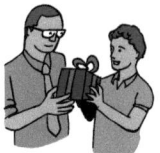

mulțumesc
tak

Cât costă…?

hvad koster…?

Nu înțeleg

Jeg forstår ikke

problemă

problem

Bună seara!

God aften!

Bună dimineața!

God morgen!

Noapte bună!

God nat!

la revedere

farvel

direcție

retning

bagaj

bagage

geantă

taske

rucsac

rygsæk

oaspete

gæst

cameră

værelse

sac de dormit

sovepose

cort

telt

călătorie - rejse

punct de informare turistică

turistinformation

plajă

strand

carte de credit

kreditkort

mic dejun

morgenmad

masa de prânz

middagsmad

cină

aftensmad

bilet de călătorie

billet

lift

elevator

timbru poştal

frimærke

graniţă

grænse

vamă

told

ambasadă

ambassade

viză

visum

paşaport

pas

transport
transport

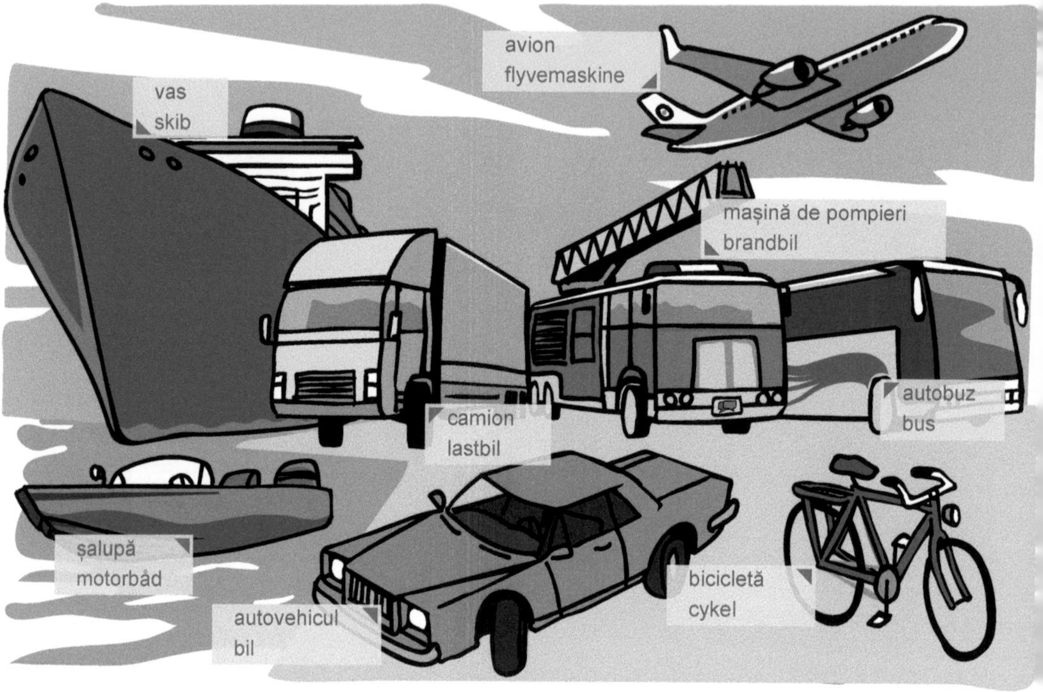
avion
flyvemaskine
vas
skib
mașină de pompieri
brandbil
autobuz
bus
camion
lastbil
șalupă
motorbåd
bicicletă
cykel
autovehicul
bil

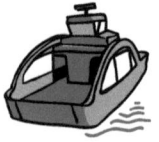

feribot

færge

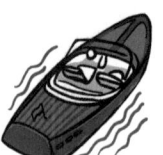

barcă

båd

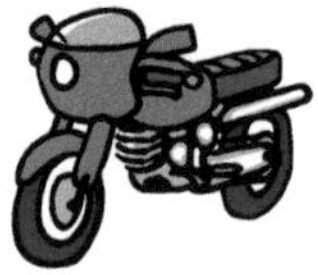

motocicletă

motorcykel

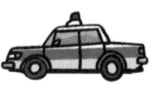

mașină de poliție

politibil

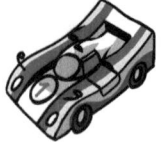

mașină de curse

racerbil

mașină închiriată

lejebil

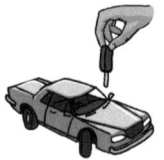

car sharing

samkørsel

mașină de tractat

kranbil

mașină de gunoi

skraldebil

motor

motor

combustibil

benzin

benzinărie

tankstation

semn de circulaţie

trafikskilt

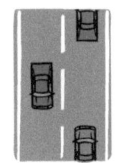

trafic

trafik

ambuteiaj

trafikprop

parcare

parkeringsplads

gară

banegård

șine

skinner

tren

tog

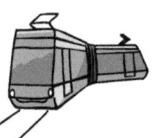

tramvai

sporvogn

vagon

wagon

elicopter

helikopter

aeroport

lufthavn

turn

tårn

pasager

passager

container

container

carton

karton

căruță

kærre

coș

kurv

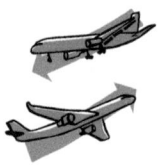

a decola/a ateriza

starte / lande

oraș

by

sat

landsby

centru

bymidte

casă

hus

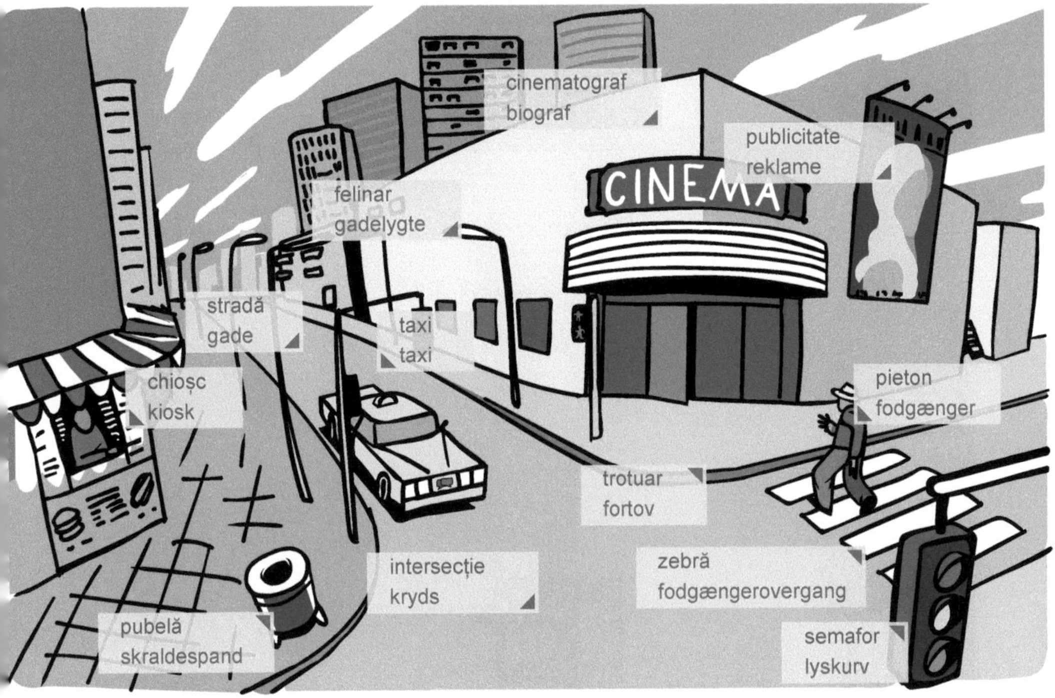

cinematograf
biograf

publicitate
reklame

felinar
gadelygte

CINEMA

stradă
gade

taxi
taxi

chioșc
kiosk

pieton
fodgænger

trotuar
fortov

intersecție
kryds

zebră
fodgængerovergang

pubelă
skraldespand

semafor
lyskurv

cabană
....
hytte

apartament
....
lejlighed

gară
....
banegård

primărie
....
rådhus

muzeu
....
museum

școală
....
skole

universitate

universitet

bancă

bank

spital

sygehus

hotel

hotel

farmacie

apotek

birou

kontor

librărie

boghandel

magazin

butik

florărie

blomsterbutik

supermarket

supermarked

piață

marked

magazin universal

stormagasin

comerciant de pește

fiskehandler

centru comercial

butikscenter

port

havn

parc
park

bancă
bænk

pod
bro

trepte
trappe

metrou
undergrundsbane

tunel
tunnel

stație de autobuz
busstoppested

bar
barnevogn

restaurant
restaurant

cutie poștală
postkasse

tăbliță indicatoare cu
numele străzii
vejskilt

parcometru
parkometer

grădină zoologică
zoo

piscină
badeanstalt

moschee
moske

gospodărie țărănească

bondegård

poluare

miljøforurening

cimitir

kirkegård

biserică

kirke

loc de joacă

legeplads

templu

tempel

peisaj
landskab

frunză
blad

indicator
vejviser

drum
vej

pajiște
eng

piatră
sten

copac
træ

drumeț
vandrer

râu
flod

iarbă
græs

floare
blomst

vale
dal

deal
bjerg

lac
sø

pădure
skov

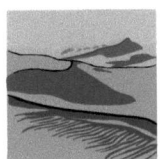

deșert
ørken

vulcan
vulkan

castel
slot

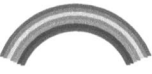

curcubeu
regnbue

ciupercă
svamp

palmier
palme

țânțar
moskito

muscă
flue

furnică
myre

albină
bi

păianjen
edderkop

gândac
bille

broască
frø

veveriță
egern

arici
pindsvin

iepure
hare

bufniță
ugle

pasăre
fugl

lebădă
svane

porc mistreț
vildsvin

cerb
hjort

elan
elg

dig
dæmning

turbină eoliană
vindmølle

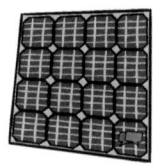

panou solar
solcellemodul

climă
klima

restaurant
restaurant

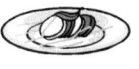

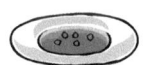

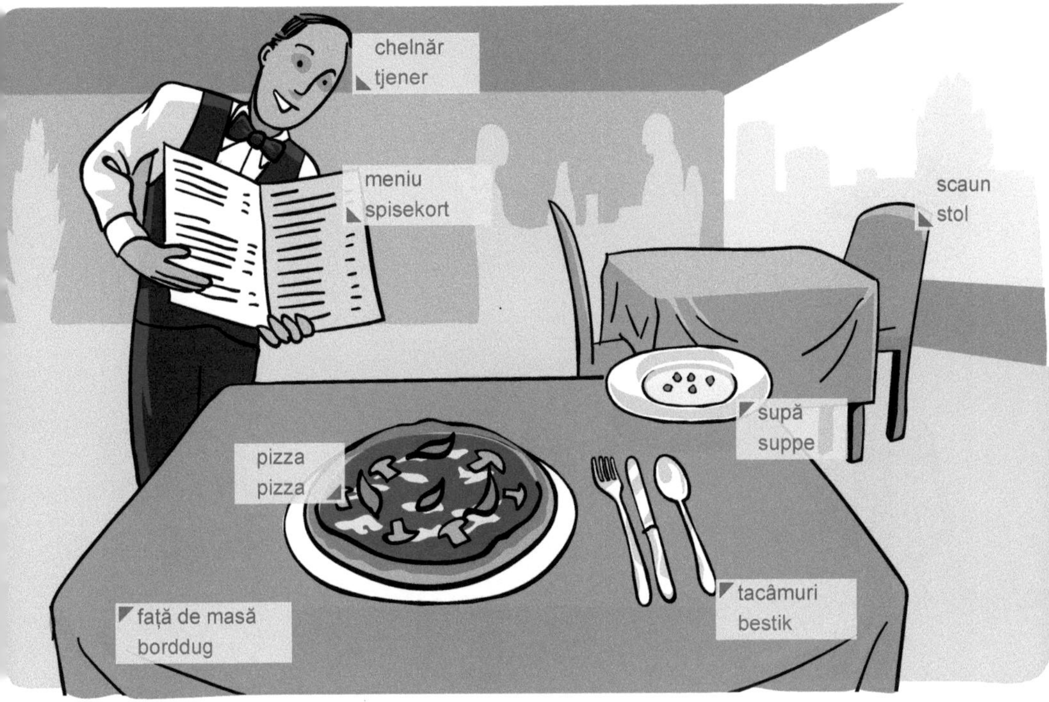
chelnăr
tjener
meniu
spisekort
scaun
stol
supă
suppe
pizza
pizza
tacâmuri
bestik
față de masă
borddug

antreu

forret

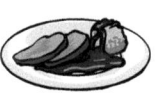

fel principal

hovedret

desert

dessert

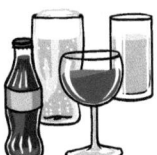

băuturi

drikkevarer

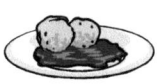

mâncare

mad

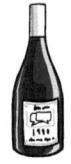

sticlă

flaske

fastfood

fastfood

streetfood

streetfood

ceainic

tekande

zaharniță

sukkerdåse

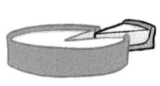

porție

portion

espressor

espressomaskine

scaun înalt (pentru copii)

barnestol

factură

faktura

tavă

tablet

cuțit

kniv

furculiță

gaffel

lingură

ske

linguriță

teske

șervețel

serviet

pahar

glas

restaurant - restaurant

farfurie

tallerken

farfurie de supă

dyb tallerken

farfurie

underkop

sos

sovs

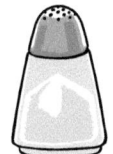

solniță

saltbøsse

râșniță de piper

peberkværn

oțet

eddike

ulei

olie

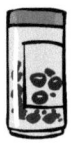

condimente

krydderier

ketchup

ketchup

muștar

sennep

maioneză

mayonnaise

supermarket
supermarked

ofertă
tilbud
FOR
client
kunde
produse lactate
mælkeprodukter
fructe
frugt
cărucior de cumpărături
indkøbsvogn

BUTCHERS

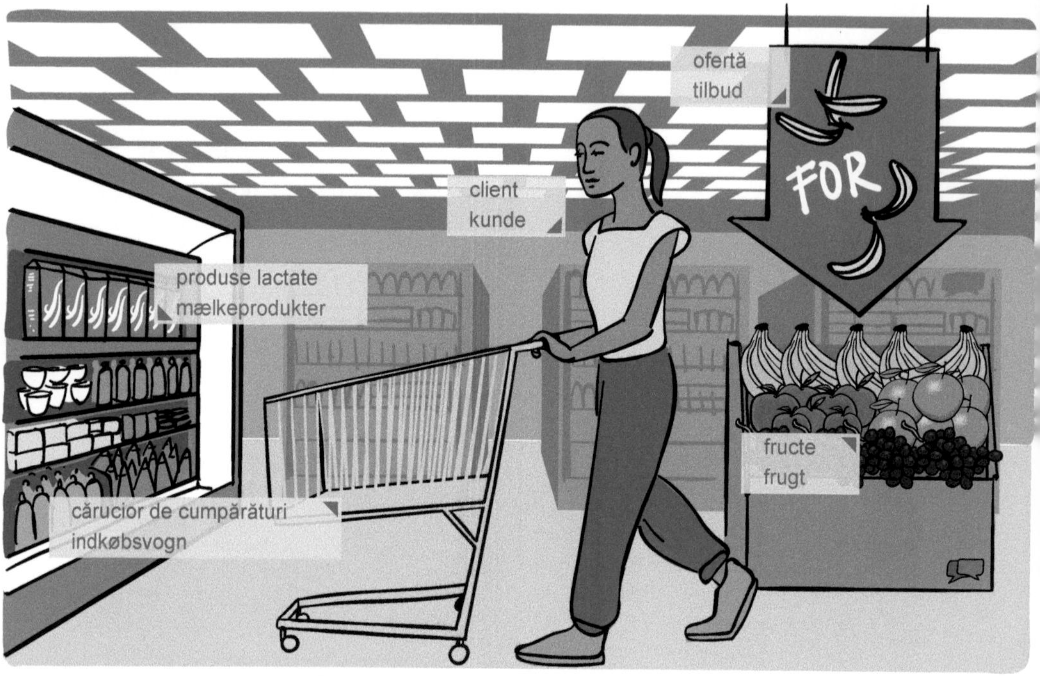

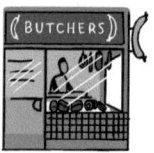

măcelărie

slagter

BAKERY

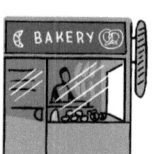

brutărie

bageri

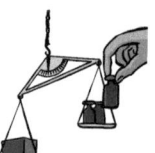

a cântări

veje

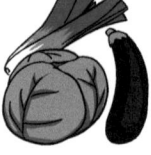

legume

grøntsager

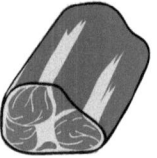

carne

kød

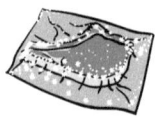

alimente refrigerate

frostvarer

mezeluri şi brânzeturi feliate

....

pålæg

conserve

....

konserves

detergent

....

vaskemiddel

dulciuri

....

slik

articole de menaj

....

husholdningsvarer

produse de curăţenie

....

rengøringsmidler

vânzătoare

....

ekspedient

casă

....

kasse

casier

....

kasserer

listă de cumpărături

....

indkøbsliste

orar

....

åbningstider

portmoneu

....

tegnebog

carte de credit

....

kreditkort

geantă

....

taske

pungă de plastic

....

plasticpose

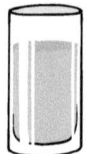

apă

vand

suc

saft

lapte

mælk

cola

cola

vin

vin

bere

øl

alcool

alkohol

cacao

kakao

ceai

te

cafea

kaffe

espresso

espresso

cappucino

cappuccino

banane

banan

măr

æble

portocală

appelsin

pepene

melon

lămâie

citron

morcov

gulerod

usturoi

hvidløg

bambus

bambus

ceapă

løg

ciupercă

svamp

nuci

nødder

paste făinoase

nudler

spagheti
spaghetti

orez
ris

salată
salat

cartofi prăjiți
pomfritter

cartofi țărănești
stegte kartofler

pizza
pizza

hamburger
hamburger

sandwich
sandwich

șnițel
schnitzel

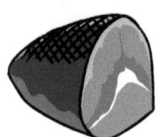

șuncă
skinke

salam
salami

cârnați
pølse

pui
kylling

friptură
steg

pește
fisk

fulgi de ovăz

havregryn

musli

mysli

cereale

cornflakes

făină

mel

corn

croissant

chifle

rundstykke

pâine

brød

pâine prăjită

toast

biscuiți

kiks

unt

smør

brânză de vaci

kvark

prăjitură

kage

ou

æg

ouă ochiuri

spejlæg

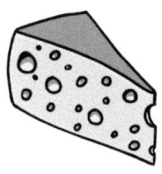

brânză

ost

îngheţată

is

zahăr

sukker

miere

honning

marmeladă

marmelade

cremă nuga

nougat-creme

curry

karry

mâncare - mad

gospodărie țărănească
bondegård

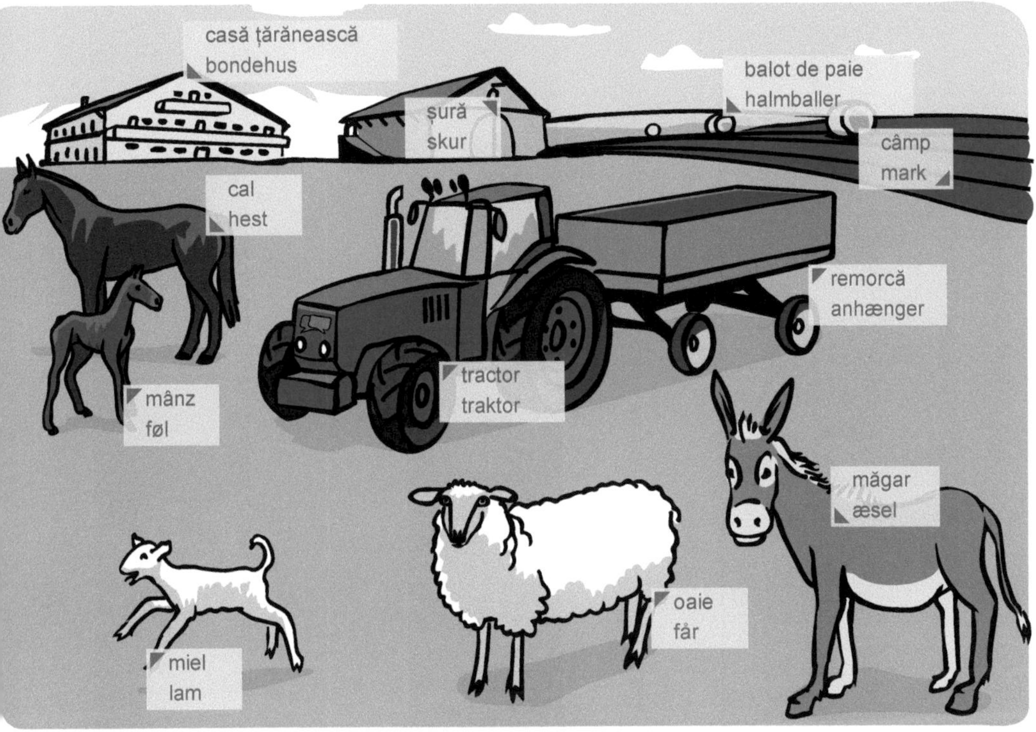
casă țărănească
bondehus
șură
skur
balot de paie
halmballer
câmp
mark
cal
hest
remorcă
anhænger
tractor
traktor
mânz
føl
măgar
æsel
oaie
får
miel
lam

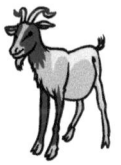

capră
ged

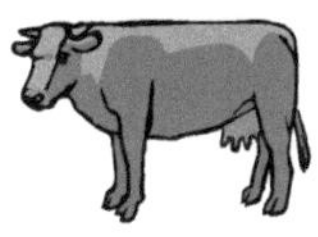

vacă
ko

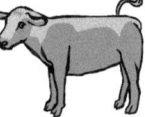

vițel
kalv

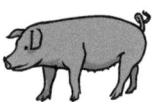

porc
svin

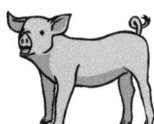

purcel
gris

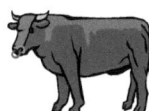

taur
tyr

găină
gås

rață
and

pui
kylling

găină
høne

cocoș
hane

șobolan
rotte

pisică
kat

șoarece
mus

bou
okse

câine
hund

cușcă
hundehus

furtun de grădină
haveslange

stropitoare
vandkande

coasă
le

plug
plov

gospodărie țărănească - bondegård

seceră
segl

sapă
hakkejern

furcă
møggreb

secure
økse

roabă
trillebør

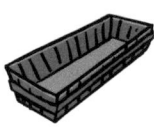

troacă
trug

cană pentru lapte
mælkekande

sac
sæk

gard
hæk

grajd
stald

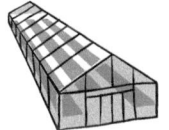

seră
drivhus

sol
jord

sămânță
frø

fertilizator
gødning

combină de treierat
mejetærsker

a culege

høste

recoltă

høst

cartof yam

yams

grâu

hvede

soia

soja

cartof

kartoffel

porumb

majs

rapiță

raps

pom fructifer

frugttræ

manioc

maniok

cereale

korn

casă
hus

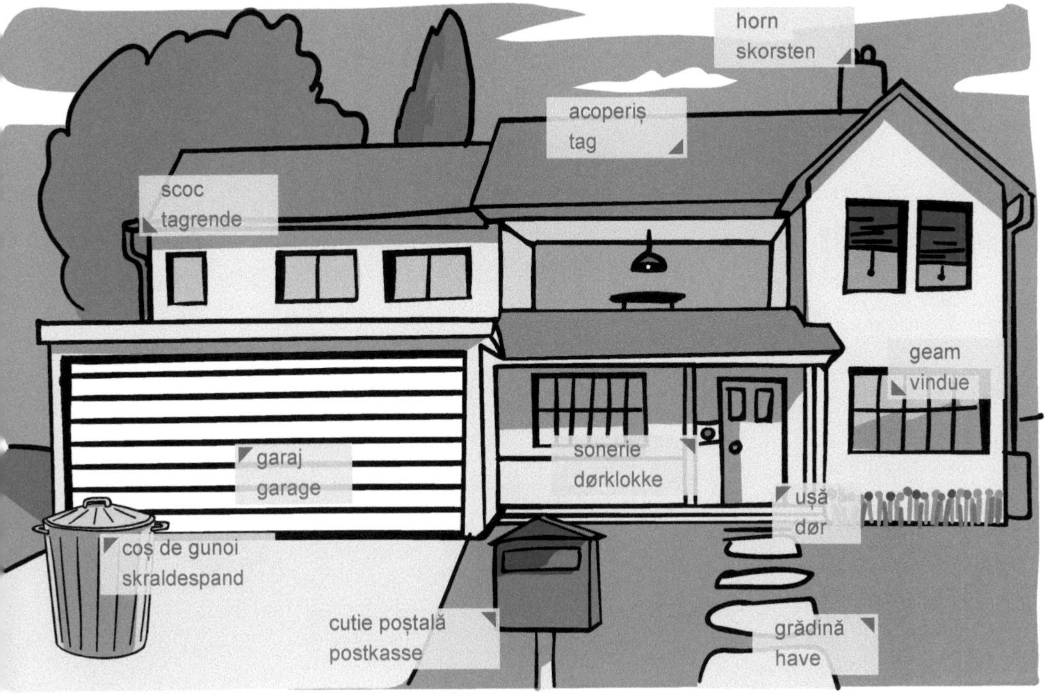
horn
skorsten
acoperiș
tag
scoc
tagrende
geam
vindue
garaj
garage
sonerie
dørklokke
ușă
dør
coș de gunoi
skraldespand
cutie poștală
postkasse
grădină
have

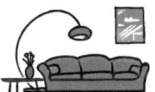

camera de zi
....
stue

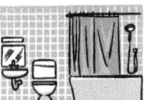

baie
....
badeværelse

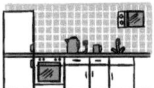

bucătărie
....
køkken

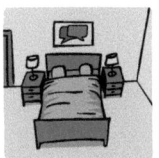

dormitor
....
soveværelse

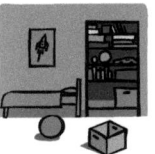

camera copiilor
....
børneværelse

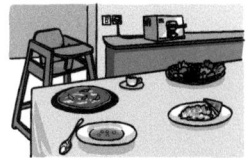

sufragerie
....
spisestue

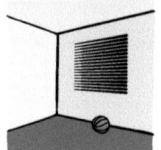

podea
gulv

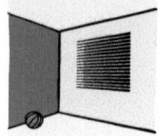

perete
væg

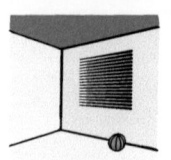

tavan
loft

pivniță
kælder

saună
sauna

balcon
altan

terasă
terrasse

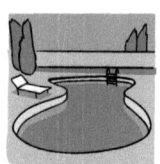

piscină
svømmehal

mașină de tuns iarba
plæneklipper

cearșaf
dynebetræk

cuvertură
dyne

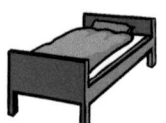

pat
seng

mătură
kost

găleată
spand

întrerupător
kontakt

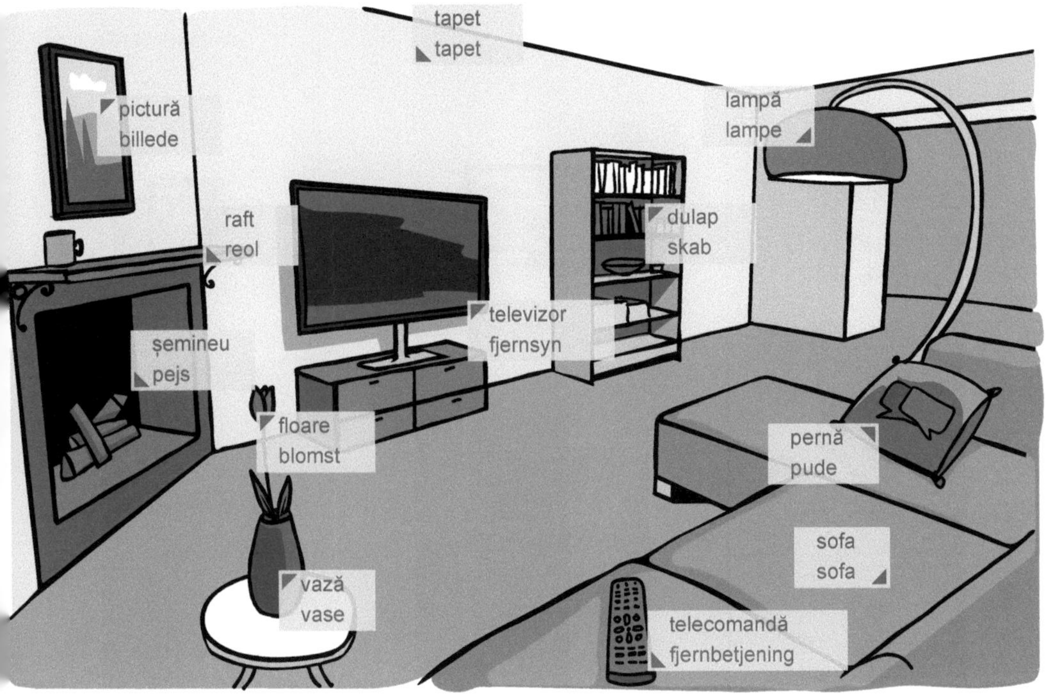

tapet
tapet

pictură
billede

lampă
lampe

raft
reol

dulap
skab

șemineu
pejs

televizor
fjernsyn

floare
blomst

pernă
pude

sofa
sofa

vază
vase

telecomandă
fjernbetjening

covor
....
gulvtæppe

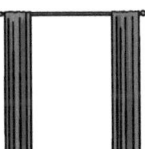

perdea
....
gardin

masă
....
bord

scaun
....
stol

balansoar
....
gyngestol

fotoliu
....
lænestol

carte
bog

pătură
tæppe

decoraţiune
dekoration

lemn de foc
brænde

film
film

instalaţie stereo
stereoanlæg

cheie
nøgle

ziar
avis

desen
maleri

poster
plakat

radio
radio

caiet de notiţe
notesblok

aspirator
støvsuger

cactus
kaktus

lumânare
lys

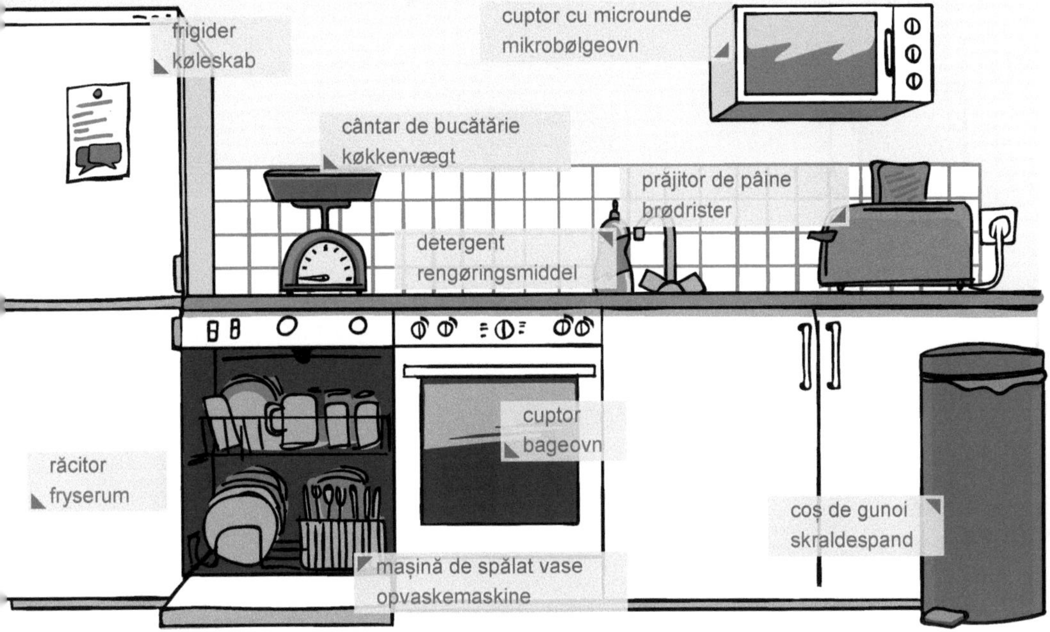

frigider
køleskab

cuptor cu microunde
mikrobølgeovn

cântar de bucătărie
køkkenvægt

prăjitor de pâine
brødrister

detergent
rengøringsmiddel

cuptor
bageovn

răcitor
fryserum

coș de gunoi
skraldespand

mașină de spălat vase
opvaskemaskine

cuptor

komfur

oală

gryde

oală de metal

jerngryde

wok/kadai

wok / kadai

tigaie

pande

ceainic

elkedel

oală de gătit cu aburi

dampkoger

tavă de copt

bageplade

veselă

service

pahar

bæger

bol

skål

bețișoare

spisepinde

polonic

øseske

spatulă

paletkniv

tel

piskeris

sită

dørslag

sită

si

răzătoare

rive

mojar

morter

grătar

grille

loc pentru grătar

ildsted

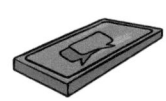

tocător

skærebræt

sucitor

kagerulle

tirbușon

proptrækker

conservă

dåse

deschizător de conserve

dåseåbner

șervete termice

grydelap

chiuvetă

køkkenvask

perie

børste

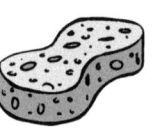

burete

svamp

mixer

blender

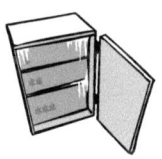

ladă frigorifică

dybfryser

biberon

sutteflaske

robinet

vandhane

baie

badeværelse

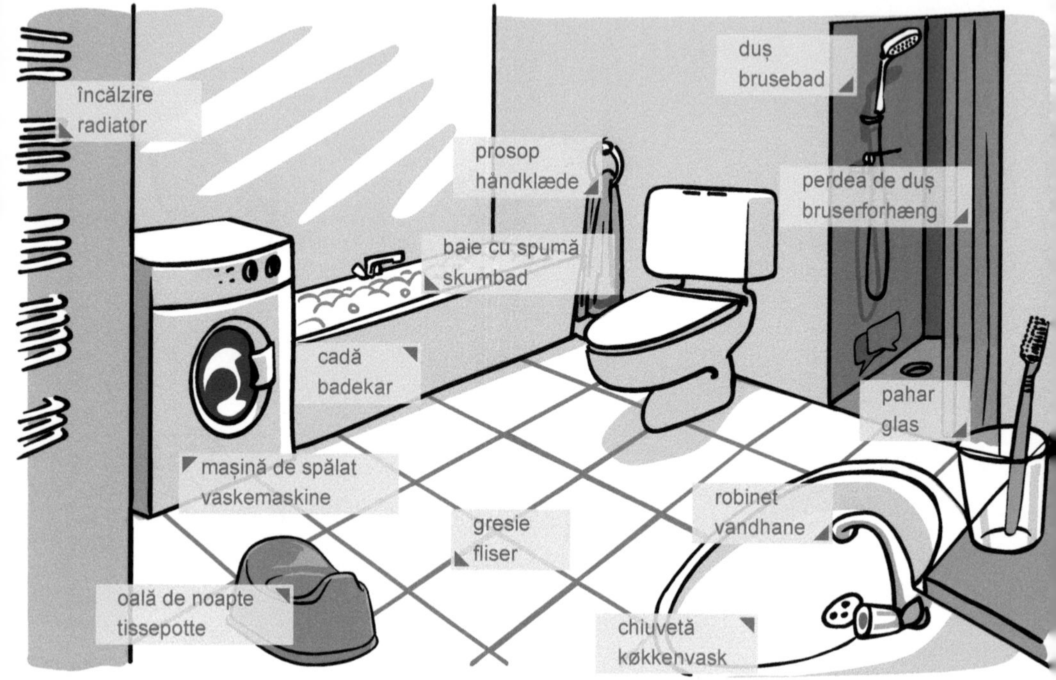

încălzire
radiator
duș
brusebad
prosop
håndklæde
perdea de duș
bruserforhæng
baie cu spumă
skumbad
cadă
badekar
pahar
glas
mașină de spălat
vaskemaskine
robinet
vandhane
gresie
fliser
oală de noapte
tissepotte
chiuvetă
køkkenvask

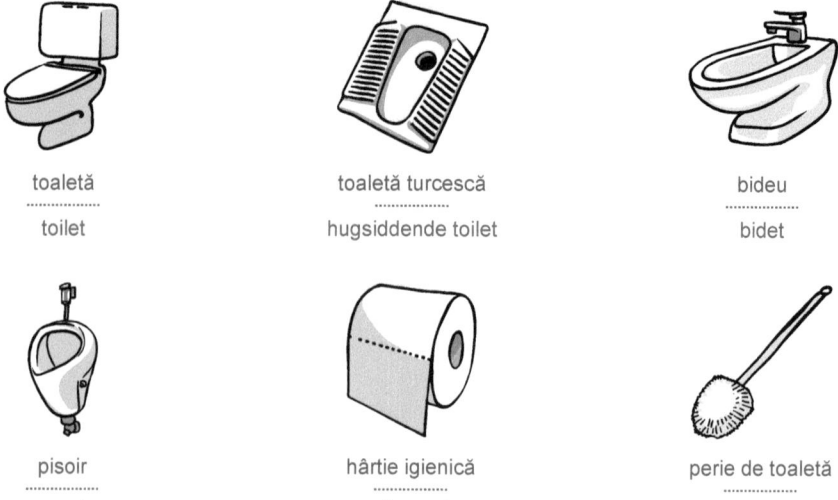

toaletă

toilet

toaletă turcescă

hugsiddende toilet

bideu

bidet

pisoir

pissoir

hârtie igienică

toiletpapir

perie de toaletă

toiletbørste

periuță de dinți

tandbørste

pastă de dinți

tandpasta

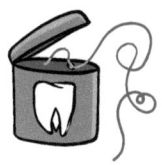

ață dentară

tandtråd

a spăla

vaske

cap de duș

håndbruser

duș intim

intimbruser

lavoar

vaskefad

perie pentru spate

badebørste

săpun

sæbe

gel de duș

brusegele

șampon

shampoo

cârpă de spălat

vaskeklud

scurgere

afløb

cremă

creme

deodorant

deodorant

oglindă

spejl

oglindă cosmetică

kosmetikspejl

aparat de ras

barberhøvl

spumă de ras

barberskum

aftershave

barbervand

pieptene

kam

perie

børste

uscător de păr

hårtørrer

fixator

hårspray

machiaj

makeup

ruj

læbestift

lac de unghii

neglelak

vată

vat

foarfece de unghii

neglesaks

parfum

parfume

neseser

toilettaske

taburet

skammel

cântar

vægt

halat de baie

badekåbe

mănuși de cauciuc

gummihandsker

tampon

tampon

tampon

damebind

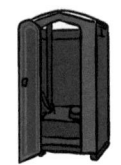

toaletă chimică

kemisk toilet

camera copiilor
børneværelse

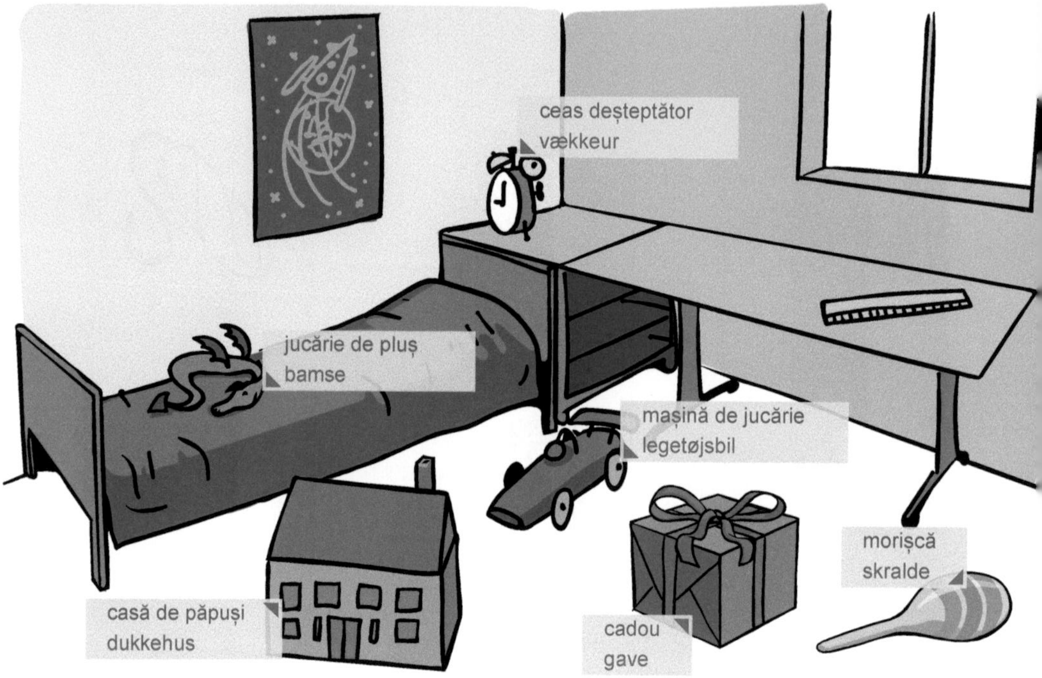
ceas deșteptător
vækkeur
jucărie de pluș
bamse
mașină de jucărie
legetøjsbil
morișcă
skralde
casă de păpuși
dukkehus
cadou
gave

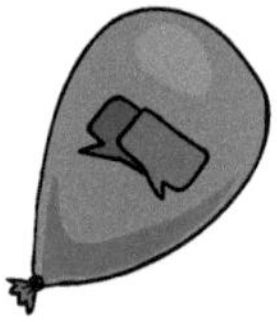

balon

ballon

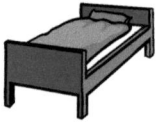

pat

seng

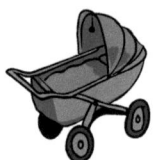

cărucior de copii

barnevogn

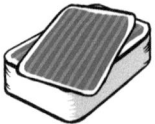

joc de cărți

kortspil

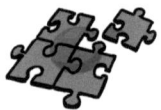

puzzle

puslespil

SUPER
MEGA

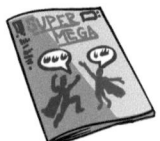

revistă de benzi desenate

tegneserie

cuburi lego

legoklodser

piese pentru construcţii

byggeklodser

personaj din filmele de acţiune

action figur

body

sparkedragt

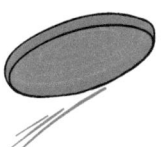

frisbee

frisbee

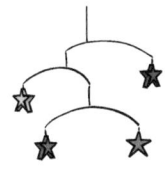

mobil

uro

joc de societate

brætspil

zar

terning

set trenuleţ de jucărie

modeljernbane

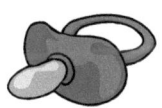

suzetă

sut

petrecere

fest

carte cu poze

billedbog

minge

bold

păpuşă

dukke

a se juca

lege

groapă de nisip

sandkasse

leagăn

gynge

jucării

legetøj

consolă video

spillekonsol

tricicletă

trehjulet cykel

ursuleț

bamse

dulap

klædeskab

șosete

sokker

ciorapi

strømper

dres

strømpebukser

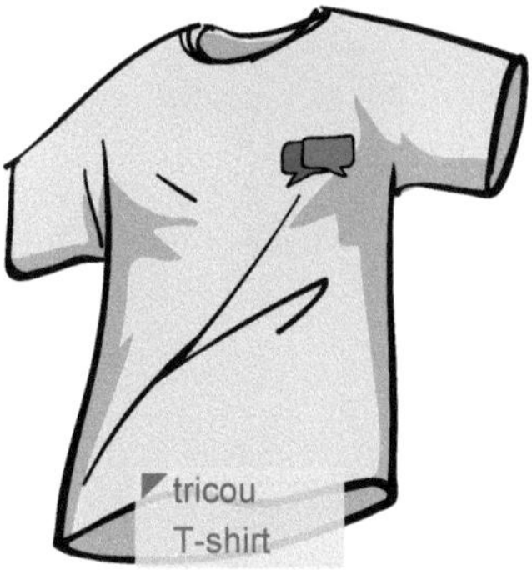

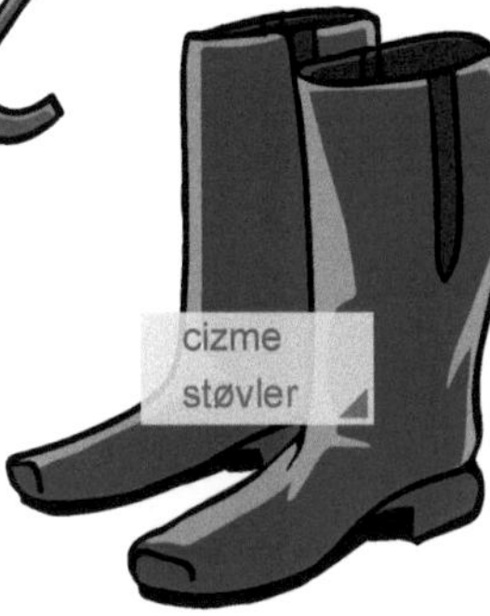

șal
sjal

curea
bælte

umbrelă
paraply

tricou
T-shirt

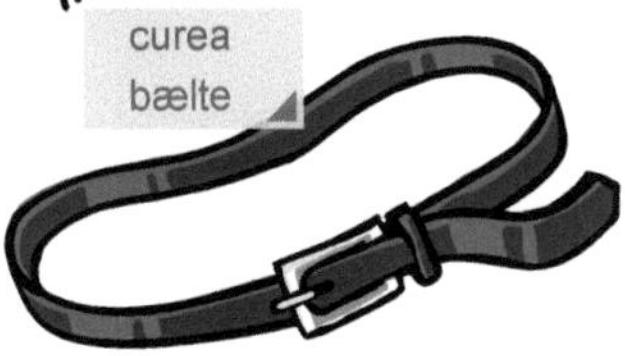

cizme
støvler

papuci
hjemmesko

pantofi sport
sneakers

sandale
sandaler

încălțăminte
sko

cizme de cauciuc
gummistøvler

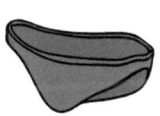

chilot
underbukser

sutien
BH

maiou
undertrøje

îmbrăcăminte - tøj

body
body

pantaloni
bukser

blugi
jeans

fustă
nederdel

bluză
bluse

cămașă
skjorte

pulover
pullover

jerseu
sweatshirt

sacou
blazer

jachetă
jakke

palton
frakke

pelerină de ploaie
regnfrakke

costum
kostume

rochie
kjole

rochie de mireasă
brudekjole

costum

jakkesæt

cămașă de noapte

nattrøje

pijama

pyjamas

sari

sari

batic

hovedtørklæde

turban

turban

burka

burka

caftan

kaftan

abaya

abaya

costum de baie

badedragt

șort

badebukser

pantaloni scurți

korte bukser

trening

træningsdragt

șorț

forklæde

mănuși

handsker

îmbrăcăminte - tøj

nasture

knap

ochelari

briller

brățară

armbånd

lanț

kæde

inel

ring

cercel

ørering

căciulă

hue

umeraș

bøjle

pălărie

hat

cravată

slips

fermoar

lynlås

cască

hjelm

bretele

seler

uniformă școlară

skoleuniform

uniformă

uniform

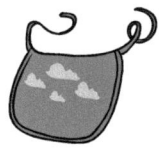

bavețică

hagesmæk

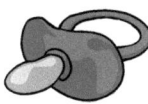

suzetă

sut

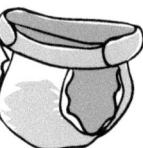

scutec

ble

birou
kontor

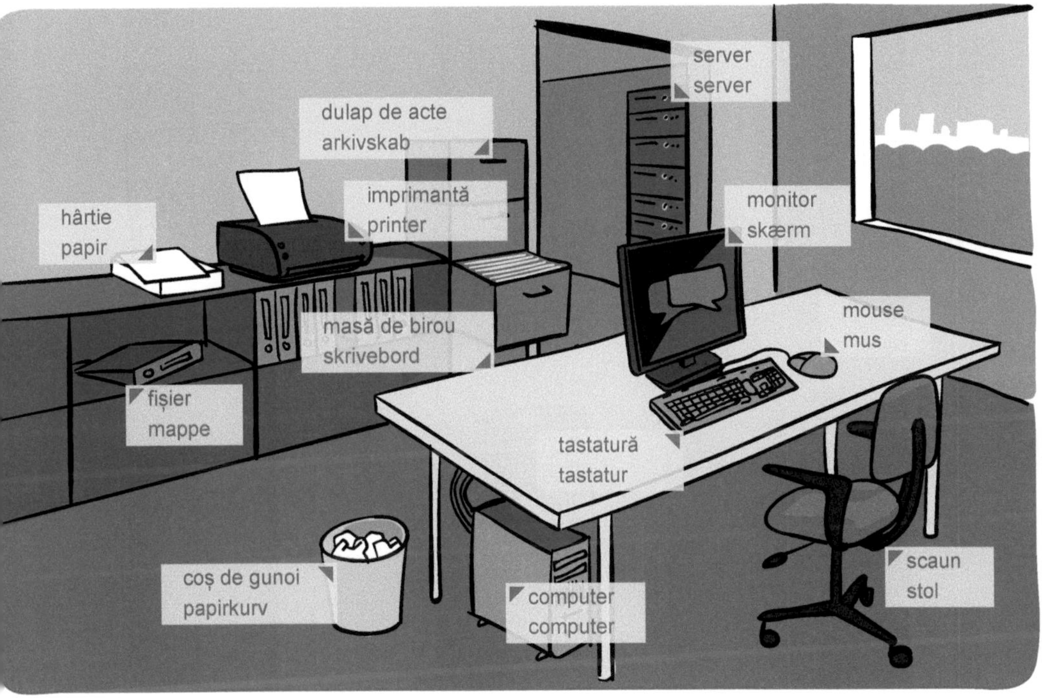

server
server
dulap de acte
arkivskab
hârtie
papir
imprimantă
printer
monitor
skærm
masă de birou
skrivebord
mouse
mus
fișier
mappe
tastatură
tastatur
coș de gunoi
papirkurv
computer
computer
scaun
stol

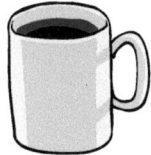

ceașcă de cafea

kaffekrus

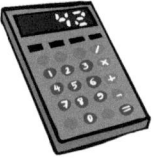

calculator

lommeregner

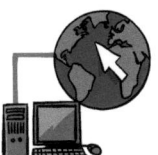

internet

internet

laptop
bærbar

scrisoare
brev

mesaj
besked

telefon mobil
mobil

rețea
netværk

copiator
kopimaskine

software
software

telefon
telefon

priză
stikdåse

fax
fax

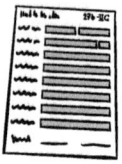

formular
formular

document
dokument

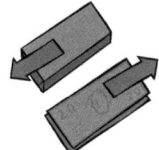

a cumpăra

købe

a plăti

betale

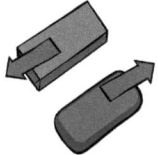

a face comerț

handle

bani

penge

Dolar

dollar

Euro

euro

Yen

yen

Rublă

rubel

Franc Elvețian

schweizerfranc

renminbi yuan

renminbi yuan

Rupie

rupee

bancomat

hæveautomat

casă de schimb valutar

vekselkontor

aur

guld

argint

sølv

petrol

olie

energie

energi

preț

pris

contract

kontrakt

impozit

skat

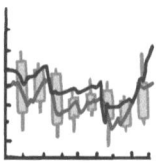

acțiune

aktie

a munci

arbejde

angajat

ansat

angajator

arbejdsgiver

fabrică

fabrik

magazin

butik

polițist
politimand

pompier
brandmand

bucătar
kok

medic
læge

pilot
pilot

grădinar
gartner

tâmplar
tømrer

cusătoreasă
syerske

judecător
dommer

chimist
kemiker

actor
skuespiller

șofer de autobuz

buschauffør

șofer de taxi

taxachauffør

pescar

fisker

femeie de serviciu

rengøringskone

tinichigiu

tagdækker

chelnăr

tjener

vânător

jæger

pictor

maler

brutar

bager

electrician

elektriker

muncitor în construcții

bygningsarbejder

inginer

ingeniør

măcelar

slagter

instalator

vvs-mand

poștaș

postbud

soldat

soldat

arhitect

arkitekt

casier

kasserer

florar

blomsterhandler

frizer

frisør

controlor

togfører

mecanic

mekaniker

căpitan

kaptajn

stomatolog

tandlæge

om de știință

videnskabsmand

rabin

rabbiner

imam

imam

călugăr

munk

preot

præst

instrumente
værktøj

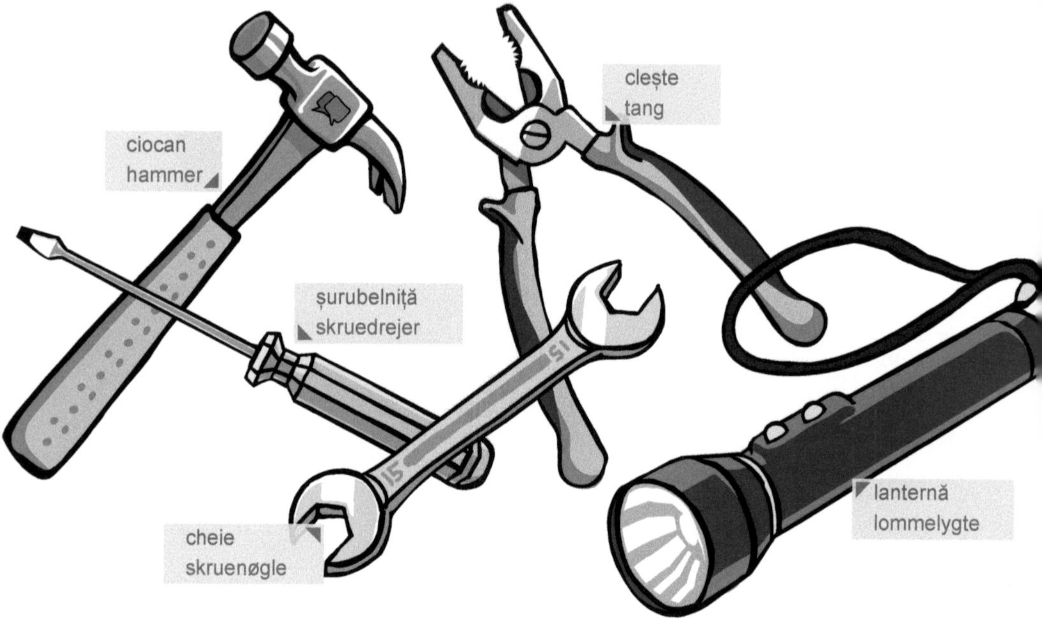
clește
tang
ciocan
hammer
șurubelniță
skruedrejer
cheie
skruenøgle
lanternă
lommelygte

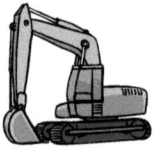

excavator

gravemaskine

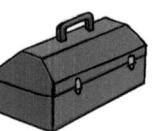

cutie de scule

værktøjskasse

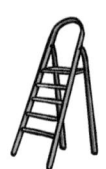

scară

stige

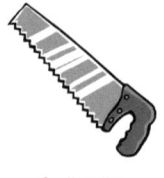

ferăstrău

sav

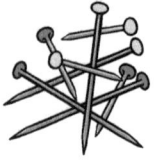

cuie

søm

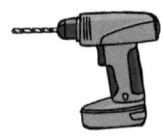

burghiu

bor

a repara
reparere

lopată
skovl

La naiba!
Lort!

făraș
fejebakke

vas pentru vopsea
malerspand

șuruburi
skruer

instrumente muzicale
musikinstrumenter

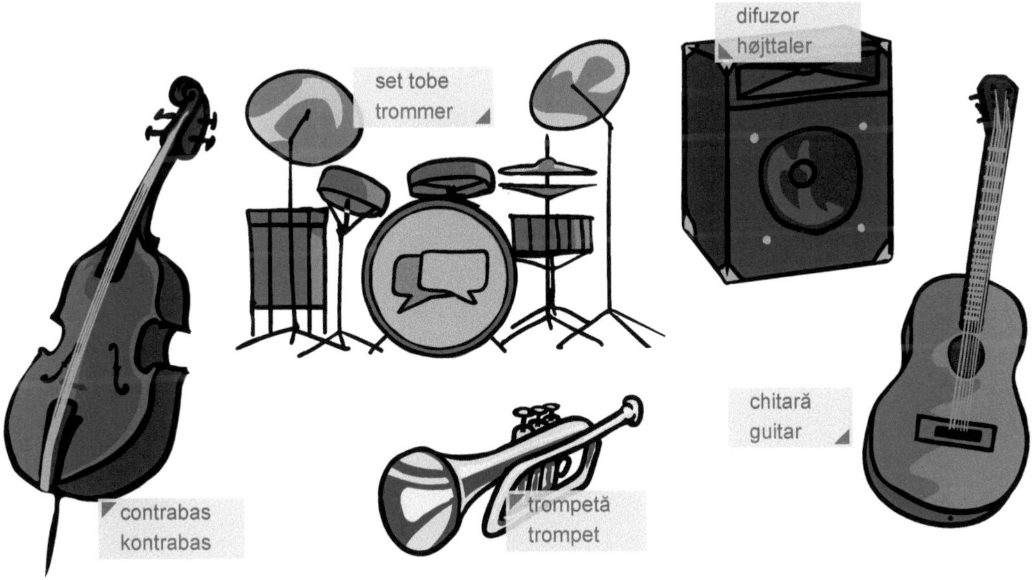

difuzor
højttaler

set tobe
trommer

chitară
guitar

contrabas
kontrabas

trompetă
trompet

pian

klaver

vioară

violin

bas

bas

trombon

pauke

tobă

tromme

keyboard

keyboard

saxofon

saxofon

fluier

fløjte

microfon

mikrofon

grădină zoologică

zoo

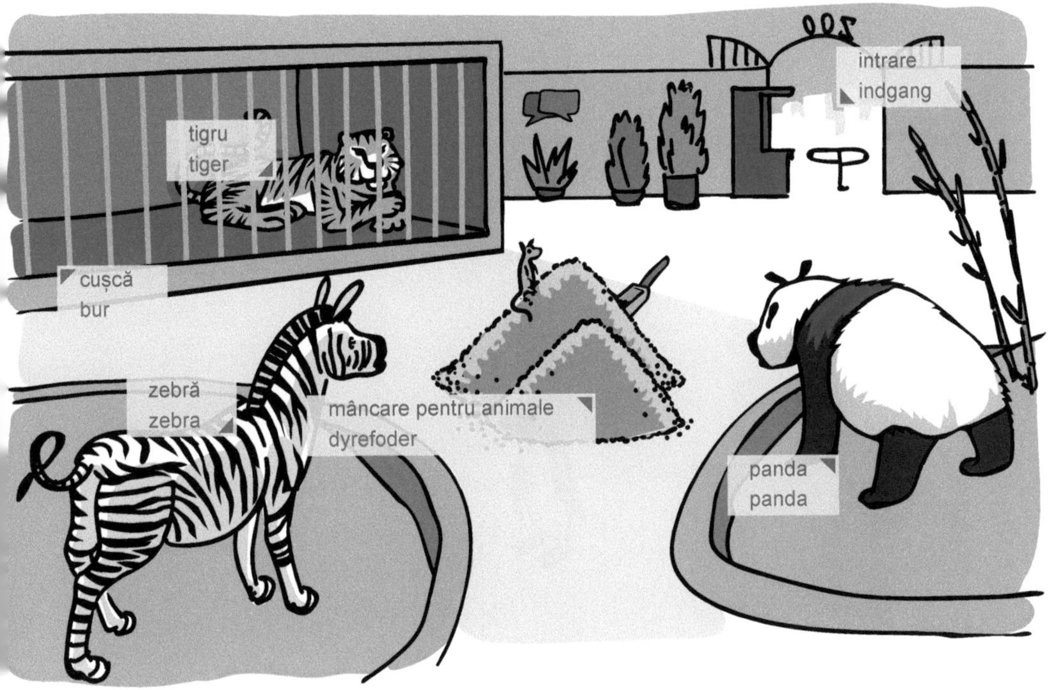

intrare
indgang
tigru
tiger
cușcă
bur
zebră
zebra
mâncare pentru animale
dyrefoder
panda
panda

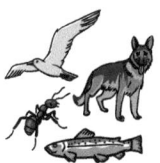

animale
dyr

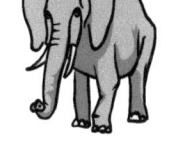

elefant
elefant

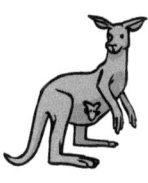

cangur
kænguru

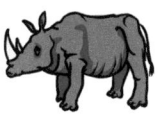

rinocer
næsehorn

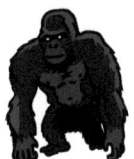

gorilă
gorilla

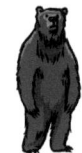

urs
bjørn

cămilă

kamel

struț

struds

leu

løve

maimuță

abe

flamingo

flamingo

papagal

papegøje

urs polar

isbjørn

pinguin

pingvin

rechin

haj

păun

påfugl

șarpe

slange

crocodil

krokodille

îngrijitor grădina zoologică

dyrepasser

focă

sæl

jaguar

jaguar

ponei

pony

leopard

leopard

hipopotam

flodhest

girafă

giraf

acvilă

ørn

porc mistreţ

vildsvin

peşte

fisk

broască ţestoasă

skildpadde

morsă

hvalros

vulpe

ræv

gazelă

gazelle

grădină zoologică - zoo

fotbal american
amerikansk football

ciclism
cykling

tenis
tennis

basketball
basketball

înot
svømning

box
boksning

hockey pe gheață
ishockey

fotbal
fodbold

badminton
badminton

atletism
atletik

handbal
håndbold

schi
skiløb

polo
polo

a râde
grine

a sări
springe

a îmbrățișa
give et knus

a merge
gå

a cânta
synge

a visa
drømme

a se ruga
bede

a săruta
kysse

a scrie
skrive

a desena
tegne

a arăta
vise

a împinge
skubbe

a da
give

a lua
tage

a avea

have

a face

gøre

a fi

være

a sta în picioare

stå

a fugi

løbe

a trage

trække

a arunca

kaste

a cădea

falde

a sta întins

ligge

a aștepta

vente

a purta

bære

a ședea

sidde

a se îmbrăca

tage på

a dormi

sove

a se trezi

vågne

a privi
se på

a plânge
græde

a mângâia
ae

a se pieptăna
kæmme

a vorbi
tale

a înțelege
forstå

a întreba
spørge

a asculta
høre

a bea
drikke

a mânca
spise

a face ordine
rydde op

a iubi
elske

a găti
koge

a conduce
køre

a zbura
flyve

a naviga

sejle

a calcula

regne

a citi

læse

a învăța

lære

a munci

arbejde

a se căsători

gifte sig med

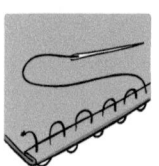

a coase

sy

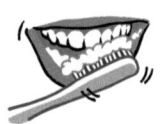

a se spăla pe dinți

børste tænder

a ucide

dræbe

a fuma

ryge

a trimite

sende

bunică
bedstemor

bunic
bedstefar

tată
far

mamă
mor

bebeluş
baby

soră
datter

fiu
søn

oaspete
....
gæst

mătușă
....
tante

unchi
....
onkel

frate
....
bror

soră
....
søster

corp
krop

frunte
pande
ochi
øje
umăr
skulder
deget
finger
față
ansigt
bărbie
hage
mână
hånd
picior
ben
piept
bryst
braț
arm

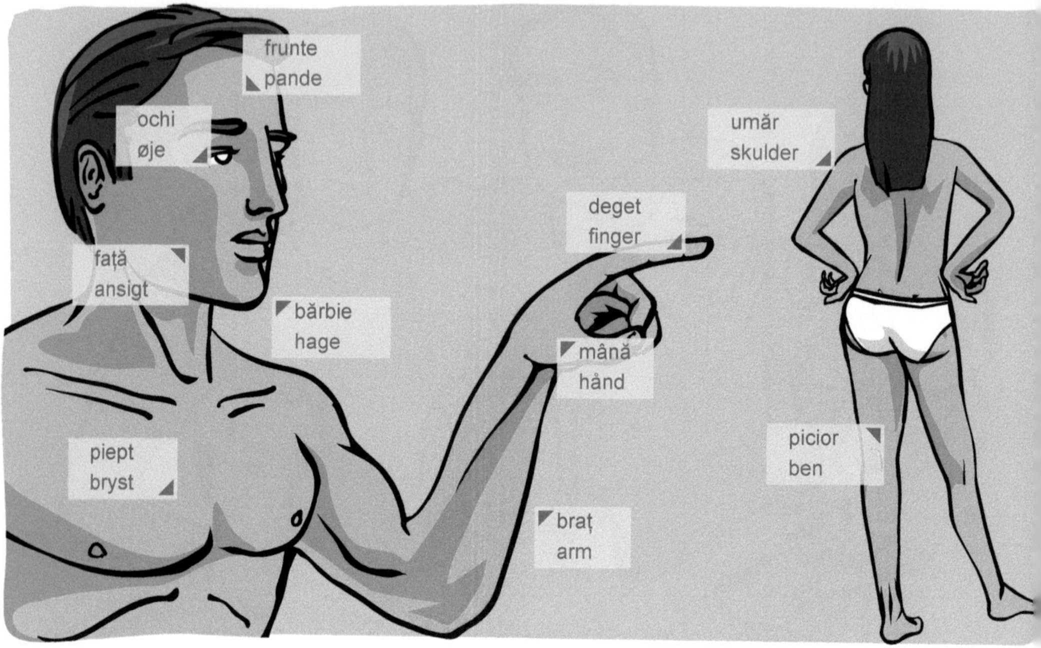

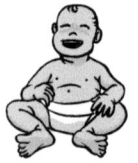

bebeluș

baby

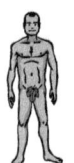

bărbat

mand

femeie

kvinde

fată

pige

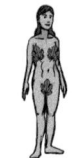

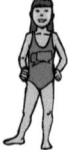

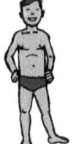

băiat

dreng

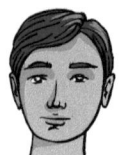

cap

hoved

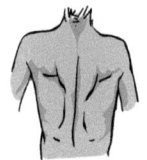

spate
ryg

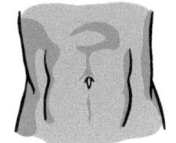

abdomen
mave

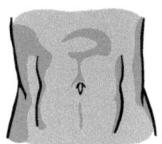

ombilic
navle

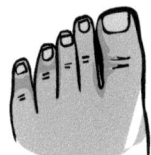

deget de la picior
tå

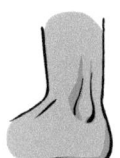

călcâi
hæl

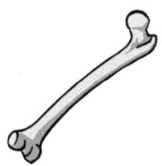

os
knogle

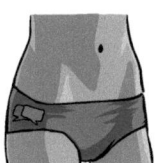

şold
hofte

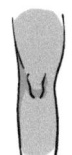

genunchi
knæ

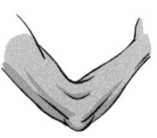

cot
albue

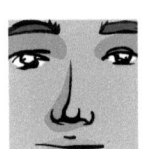

nas
næse

fund
bagdel

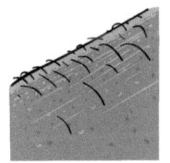

piele
hud

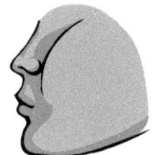

obraz
kind

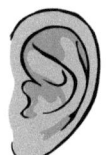

ureche
øre

buză
læbe

gură

mund

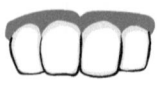

dinte

tand

limbă

tunge

creier

hjerne

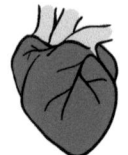

inimă

hjerte

mușchi

muskel

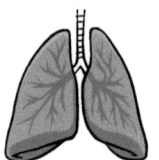

plămân

lunge

ficat

lever

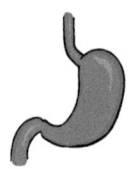

stomac

mavesæk

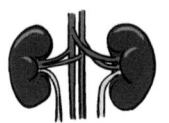

rinichi

nyrer

sex

sex

prezervativ

kondom

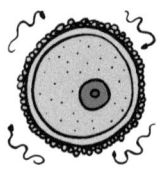

ovul

ægcelle

spermă

sperm

sarcină

svangerskab

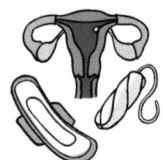

menstruație
menstruation

vagin
vagina

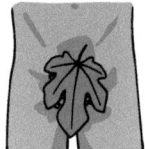

penis
penis

sprânceană
øjenbryn

păr
hår

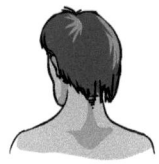

gât
hals

corp - krop

spital
sygehus

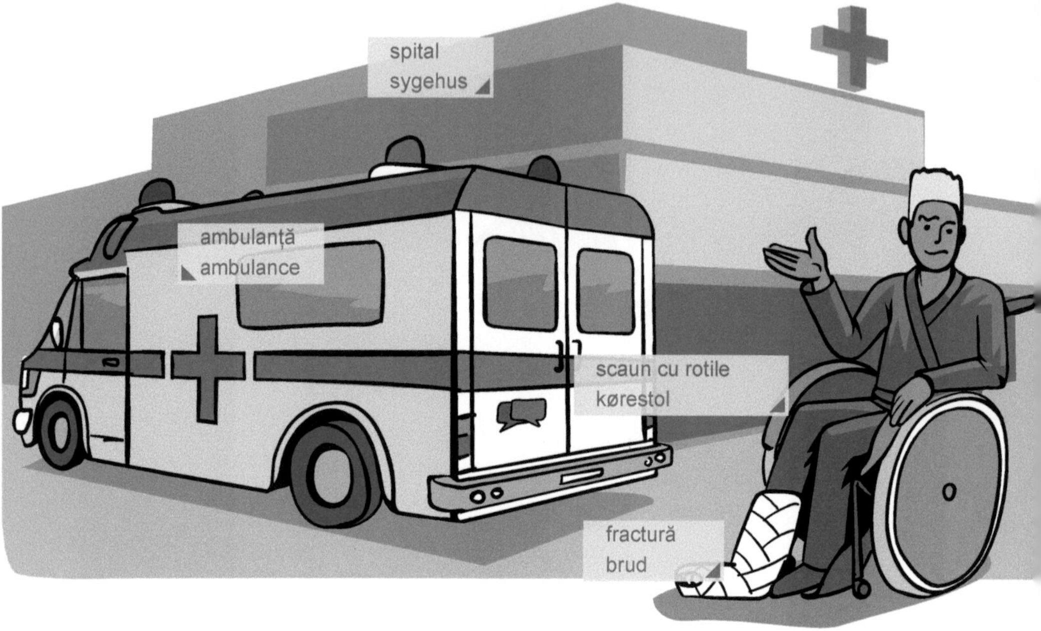

spital
sygehus
ambulanță
ambulance
scaun cu rotile
kørestol
fractură
brud

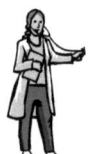

medic

lægе

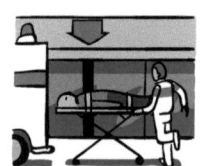

unitate de primiri urgențe

akutmodtagelse

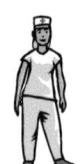

soră medicală

sygeplejerske

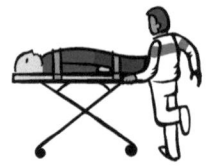

urgență

nødstilfælde

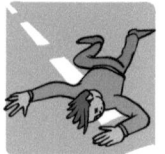

inconștient

bevidstløs

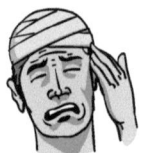

durere

smerte

leziune
skade

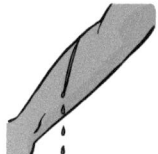

sângerare
blødning

infarct miocardic
hjerteinfarkt

atac cerebral
slagtilfælde

alergie
allergi

tuse
hoste

febră
feber

gripă
influenza

diaree
diarré

durere de cap
hovedpine

cancer
kræft

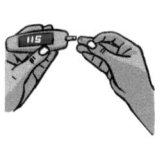

diabet
diabetes

chirurg
kirurg

scalpel
skalpel

operaţie
operation

CT
CT

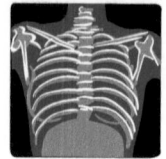

raze Röntgen
røntgen

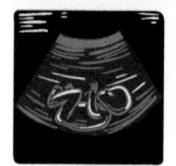

ultrasunet
ultralyd

mască
maske

boală
sygdom

sală de așteptare
venteværelse

cârjă
krykke

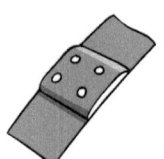

plasture
plaster

bandaj
forbinding

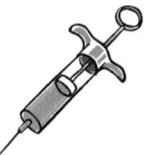

injecție
injektion

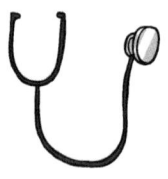

stetoscop
stetoskop

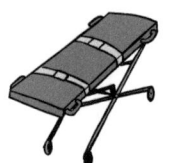

targă
båre

termometru
termometer

naștere
fødsel

supraponderabilitate
overvægt

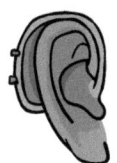

aparat auditiv

høreapparat

dezinfectant

desinficerende middel

infecţie

infektion

virus

virus

HIV/SIDA

HIV / AIDS

medicină

medicin

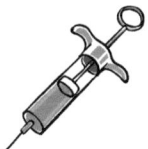

vaccin

vaccination

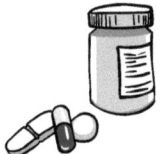

tablete

tabletter

pastilă

pille

apel de urgenţă

nødopkald

aparat de măsurare a
presiunii arteriale

blodtryksmåler

bolnav/sănătos

syg / rask

Ajutor!

Hjælp!

alarmă

alarm

agresiune

overfald

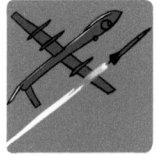

atac

angreb

pericol

fare

ieșire de urgență

nødudgang

Foc!

Det brænder!

extinctor

ildslukker

accident

uheld

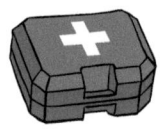

trusă de prim-ajutor

førstehjælps-kuffert

SOS

SOS

poliție

politi

Europa

Europa

America de Nord

Nordamerika

America de Sud

Sydamerika

Africa

Afrika

Asia

Asien

Australia

Australien

Altantic

Atlanterhavet

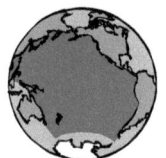

Pacific

Stillehavet

Oceanul Indian

Indiske Ocean

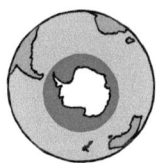

Oceanul Antarctic

Sydlige Ishav

Oceanul Arctic

Ishav

Polul Nord

Nordpol

Polul Sud
....
Sydpol

Antarctica
....
Antarktis

pământ
....
Jorden

țară
....
land

mare
....
hav

insulă
....
ø

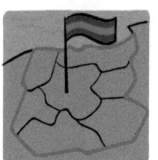

națiune
....
nation

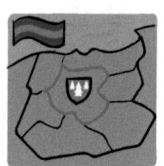

stat
....
stat

cadran

urskive

orar

timeviser

minutar

minutviser

secundar

sekundviser

Cât e ceasul?

Hvad er klokken?

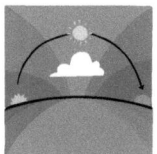

zi

dag

timp

tid

acum

nu

cead digital

digitalur

minut

minut

oră

time

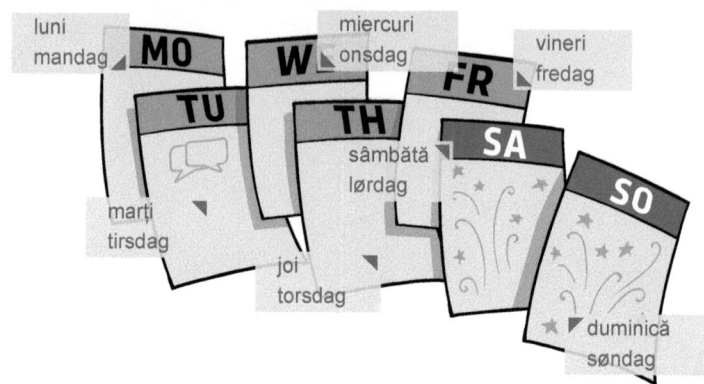

luni
mandag

miercuri
onsdag

vineri
fredag

marți
tirsdag

joi
torsdag

sâmbătă
lørdag

duminică
søndag

ieri

i går

azi

i dag

mâine

i morgen

dimineață

morgen

amiază

middag

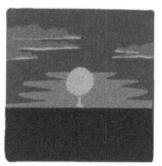

seară

aften

zile lucrătoare

arbejdsdage

week-end

weekend

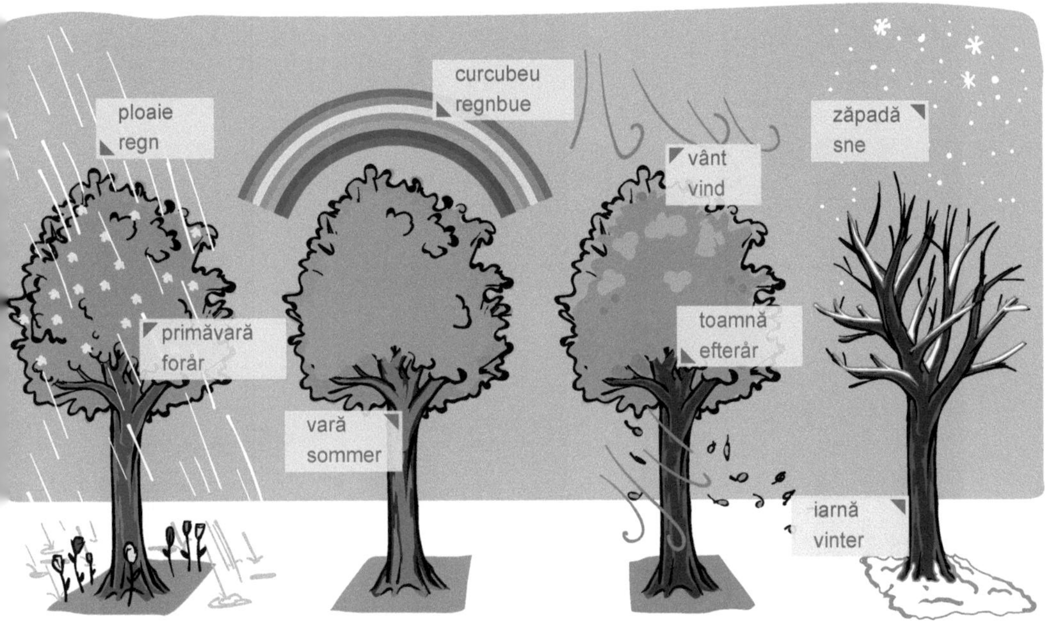
curcubeu
regnbue
ploaie
regn
zăpadă
sne
vânt
vind
primăvară
forår
toamnă
efterår
vară
sommer
iarnă
vinter

4.APRIL 11°
5.APRIL 4°
6.APRIL 13°
7.APRIL 8°
8.APRIL 10°

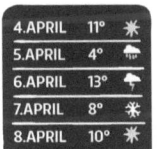

prognoză meteo

vejrudsigt

F
C

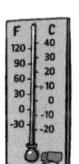

termometru

termometer

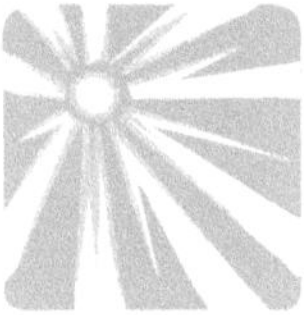

lumina soarelui

solskin

nor

sky

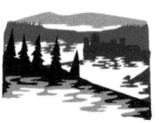

ceață

tåge

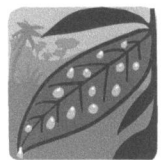

umiditate a aerului

luftfugtighed

fulger

lyn

tunet

torden

furtună

storm

grindină

hagl

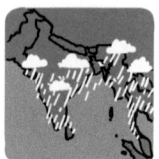

muson

monsun

inundaţie

flod

gheaţă

is

ianuarie

januar

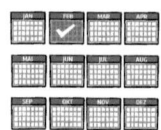

februarie

februar

martie

marts

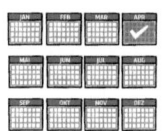

aprilie

april

mai

maj

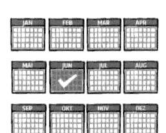

iunie

juni

iulie

juli

august

august

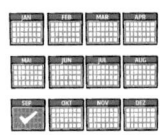

septembrie

september

octombrie

oktober

noiembrie

november

decembrie

december

forme
former

cerc

cirkel

pătrat

kvadrat

dreptunghi

firkant

triunghi

trekant

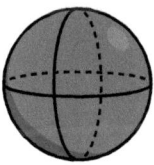

sferă

kugle

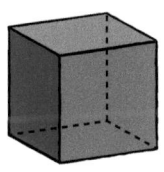

cub

terning

alb
....
hvid

galben
....
gul

portocaliu
....
orange

roz
....
pink

roșu
....
rød

violet
....
lilla

albastru
....
blå

verde
....
grøn

maro
....
brun

gri
....
grå

negru
....
sort

mult/puțin

meget / lidt

furios/calm

rasende / fredelig

frumos/urât

smuk / grim

început/sfârșit

begyndelse / slut

mare/mic

stor / lille

luminos/întunecat

lys / mørk

frate/soră

bror / søster

curat/murdar

ren / snavset

complet/incomplet

fuldkommen / ufuldkommen

zi/noapte

dag / nat

mort/viu

død / levende

lat/strâmt

bred / smal

comestibil/necomestibil
....
spiselig / uspiselig

rău/prietenos
....
vred / venlig

emoționat/plictisit
....
ophidset / kedet

gras/slab
....
tyk / tynd

primul/ultimul
....
først / sidst

prieten/inamic
....
ven / fjende

plin/gol
....
fuld / tom

tare/moale
....
hård / blød

greu/ușor
....
tung / let

foame/sete
....
sult / tørst

bolnav/sănătos
....
syg / rask

ilegal/legal
....
illegal / legal

inteligent/stupid
....
intelligent / dum

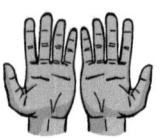

stânga/drepta
....
venstre / højre

aproape/departe
....
nær / fjern

antonime - modsætninger

nou/uzat

ny / brugt

nimic/ceva

intet / noget

bătrân/tânăr

gammel / ung

pornit/oprit

tændt / slukket

deschis/închis

åben / lukket

încet/tare

stille / højt

bogat/sărac

rig / fattig

corect/fals

rigtig / forkert

aspru/neted

ru / glat

trist/fericit

ked af det / lykkelig

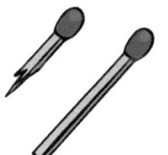

lung/scurt

kort / lang

încet/repede

langsom / hurtig

ud/uscat

våd / tør

cald/rece

varm / kold

război/pace

krig / fred

0

zero

nul

1

unu

en

2

doi

to

3

trei

tre

4

patru

fire

5

cinci

fem

6

șase

seks

7

șapte

syv

8

opt

otte

9

nouă

ni

10

zece

ti

11

unsprezece

elleve

12

douăsprezece

tolv

13

treisprezece

tretten

14

paisprezece

fjorten

15

cincisprezece

femten

16

șaisprezece

seksten

17

șaptesprezece

sytten

18

optsprezece

atten

19

nouăsprezece

nitten

20

douăzeci

tyve

100

o sută

hundrede

1.000

o mie

tusinde

1.000.000

un milion

million

engleză
engelsk

engleză americană
amerikansk engelsk

chineza mandarină
kinesisk mandarin

hindi
hindi

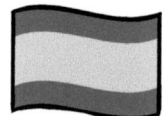

spaniolă
spansk

franceză
fransk

arabă
arabisk

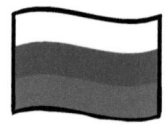

rusă
russisk

protugheză
portugisisk

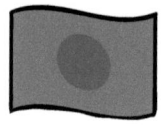

bengaleză
bengalsk

germană
tysk

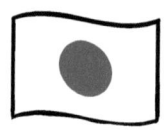

japoneză
japansk

eu

jeg

tu

du

el/ea

han / hun / den / det

noi

vi

voi

I

ea

de

cine?

hvem?

ce?

hvad?

cum?

hvordan?

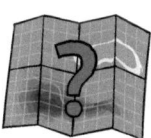

unde?

hvor?

când?

hvornår?

nume

navn

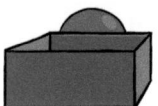

în spate

bag

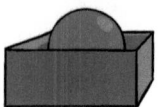

în

i

înainte

foran

peste

over

pe

på

sub

under

lângă

ved siden af

între

imellem

loc

sted